# SALLUSTE

## AUX FRANÇAIS DE 1792,

## ESSAI DE TRADUCTION,

OU

Comment on doit traduire
Et ce que l'on doit traduire

DEPUIS LE 10 AUGUSTE DERNIER,

PAR UN SAN-CULOTE.



---

*Num negabitur, deformem Pyrrhi pacem, cæcus ille Appius, dicendi viribus diremisse?* QUINT. lib. II.

---

A PARIS,

Chez GARNERY, Libraire, et chez les Marchands de Nouveautés.

L'AN PREMIER DE LA RÉPUBLIQUE FRANÇAISE.

## TRADUCTION DE L'EPIGRAPHE

En faveur de quelques-uns de nos braves frères les *Antoniens*, les *Marcellins* ou les ***Fédérés*** qui n'entendent pas la langue de ***Cicéron.***

*Qui est-ce qui pourra nier qu'un aveugle nommé* APPIUS, *n'ait autrefois, par ses raisonnemens, obligé le* SÉNAT *à rompre la paix qu'il venait de conclure avec le Roi d'Épire? Les* COMICES *jugèrent que les conditions de cette paix étaient déshonorantes pour la* RÉPUBLIQUE; *et l'on renvoya* CINÉAS *en lui faisant dire à* PYRRHUS *que* ROME *n'entendrait ses propositions qu'après qu'il aurait évacué l'Italie.*

OU BIEN:

*Que nos* REPRÉSENTANS *ne croient pas être investis du droit de transiger pour le* SOUVERAIN *avec ceux qui ont levé les armes contre nous : c'est après les avoir vaincus que le* PEUPLE FRANÇAIS *traitera avec ses ennemis.*

On avoue que M. *De Marolles* ne traduisait pas ainsi ; mais il jouissait de deux abbayes au service de la sainte Eglise Romaine, et mourut en 1681. C'est le temps de *la gloire* d'un célèbre Despote.

# SALLUSTE

## AUX FRANÇAIS DE 1792.

---

## AVIS NÉCESSAIRE.

---

TOUT ce qui n'est point en *Italique* dans le texte latin, diffère légèrement dans la copie d'avec l'original.

Les points........ plus ou moins nombreux, désignent une plus ou moins grande lacune dans le discours de *Memmius*.

Mais les intervalles laissés en blanc, ne servent qu'à rapprocher le texte latin de la traduction.

# MEMMIUS

## IN SALLUSTIO

## AD POPULUM FRANCUM.

NULLA *me*, *Cives*, dehortabuntur *à vobis :*

*Studium Reipublicæ omnia superat*........................ ...... *Sed me piget dicere quàm ludibrio fueritis superbiæ paucorum*....... ........................ *At nunc obnoxiis inimicis exsurgitis*, *nec* timebitis *eos quibus vos decet terrori esse*.

Bene est, *Cives*,........... .......... *et ego vos hortor*......... *uti contrà injurias armati eatis*........ *necesse est suomet ipsi more*, *præcipites eant.*

*Superioribus annis*,

# MEMMIUS

## DANS SALLUSTE

## AU PEUPLE FRANÇAIS.

Aucun intérêt, aucune crainte ne m'empêchera, Citoyens, de rester attaché à votre parti, car l'amour du Peuple est le sentiment qui domine en moi ; et je ne me rappelle qu'avec indignation pendant combien de siècles vous servîtes de jouet à vos Patriciens : mais aujourd'hui vous vous élevez avec justice contre des hommes qu'un seul de vos regards, avec une volonté ferme et décidée, peut foudroyer et anéantir. Je vous approuve, Citoyens, et je loue la fierté de vos nouveaux sentimens. Armez-vous tous, et vengez vos anciennes injures. Il est temps que vos ennemis tombent dans le précipice que leurs crimes ont creusé.

Il n'y a que peu d'années encore que

*taciti, indignamini ærarium expilari,*

*et Populos Naturâ liberos,*

*paucis Nobilibus vectigal pendere: penes eosdem et summam gloriam et maximas divitias esse.*

*Tamen hæc talia facinora impunè suscepisse parum habuere;*

*itaque postremò leges, Majestas vestra, divina et humana, omnia hostibus tradita sunt.*

*Neque eos qui ea facere,*

*pudet aut pœnitet........*

*.........perinde quasi ea honori non prædæ habeant.*

*Servi, ære parati, injusta imperia*

vous n'osiez vous plaindre qu'en secret que le trésor public fût ouvertement pillé par des Courtisans sans frein ou des femmes sans pudeur; et que des hommes, libres par la Nature et qui ne devaient reconnaître que des égaux autour d'eux, payassent cependant le tribut à une poignée de Nobles qui se transmettaient comme des propriétés et les charges de l'État et les richesses de la Nation. Cependant tous ces attentats, qu'ils ont commis impunément, n'ont pas diminué la haine qu'ils vous portent; mais ils viennent de profaner devant vos Ennemis, la Majesté du Peuple, vos lois les plus saintes et vos droits les plus sacrés : et des Français, qui se sont rendus aussi coupables envers leurs frères, n'en éprouvent ni honte, ni repentir; ils se font honneur de leurs excès comme d'un butin remporté sur l'ennemi.

*L'Esclavage, suivant l'ordre de Jupiter, ôte à l'homme la moitié de sa vertu;* et pourtant des Esclaves achetés à prix d'or comme une bête de charge, suppor-

*Dominorum*
*non perferunt.* *Vos*,
*Cives*, libertate *nati*,

*æquo animo*, *servitutem* toleraretis? *At qui sunt hi qui Rempublicam occupare* cupiunt? *Homines sceleratissimi, cruentis manibus, immani avaritiâ, nocentissimi, iidemque superbissimi; quibus fides, decus, pietas, postremò honesta atque inhonesta, omnia questui sunt . . . . . . . . . . . . quos omnes eadem cupere, eadem odisse, eadem metuere, in unum coegit. Sed hæc inter bonos amicitia, inter malos factio est. Quodsi vos tam libertatis curam* habetis, *quàm illi ad dominationem accensi sunt, profectò* deinceps *Respublica non vastabitur . . . . . . . . . Ideo summâ ope nitemini, atque eò vehementius quò majus dedecus est parta amittere, quàm omninò non paravisse.*

tent impatiemment les caprices de leurs Maîtres..... Vous, Citoyens, nés pour l'indépendance, et qui jouissez entièrement de ce bien dont on n'aliène pas la moindre partie sans abjurer la Nature, vous attendriez avec tranquillité le joug de la Servitude ! Quels sont donc ceux qui veulent asservir la République ? n'est-ce pas ces hommes impies et superbes, aux mains teintes de sang et au cœur rempli d'avarice, pour qui tout est objet de trafic et de lucre ; et la foi, et l'honneur, et la piété, et le juste et l'injuste ? les regrets de la vanité qui leur sont communs à tous, et de criminels complots les ont réunis : mais ce qui est amitié entre les bons, n'est que perfidie entre les méchans. Si vous usez d'autant de constance à défendre votre liberté qu'ils mettent de fureur à vous la ravir, vous cesserez pour toujours de voir incendier vos villes et ravager vos campagnes. Faites donc les derniers efforts pour soutenir une cause généreuse, car il serait bien moins honteux pour vous de n'avoir pas recouvré

*Dicet aliquis, quid igitur censes?*

*Vindicandum in eos qui hosti prodidêre Rempublicam.*

*Non manu neque vi, quod magis vos fecisse quàm illis accidisse indignum est;*

la liberté que de la perdre après l'avoir reconquise.

Mais, dira quelqu'un, à quelle conclusion voulez-vous nous conduire? Citoyens, nous sommes tous frères, nous avons tous le même intérêt ; mon opinion ne peut point différer de la vôtre, et je ne ferai que vous développer vos propres sentimens.

Il faut punir les traîtres et les conspirateurs qui sont en votre pouvoir, il faut que leurs vies acquittent leurs forfaits ; mais n'honorez point de vils *proditeurs* en les immolant de vos mains, vous fourniriez à leurs complices un prétexte d'innocence, et vous jetteriez vous-même un voile sur leurs crimes. Laissez donc subir aux coupables la forme des jugemens, et ne leur épargnez point la honte, pire que le supplice, d'une condamnation légale et exempte de soupçons. Si les Juges que vous avez nommés vous sont devenus suspects ; si dans une multitude de *prévenus* que la publicité de leur crime poursuit et convainc, ils n'ont livré que trois *verum quæstionibus et indicio ipsius* vestri postremi Regis......

*Tamen vos hominibus sceleratissimis*

victimes au glaive de la loi ; si ces Juges vous paraissent iniques, faibles ou ignorans, il faut dès aujourd'hui, Citoyens, renouveler ce Tribunal..... Mais non, faites mieux encore : établissez le *Prétoire* sur la place publique, et là, à la face du Ciel, que les accusés soient interrogés, qu'on entende les témoins, faites comparaître votre *dernier Roi* lui-même pour déposer sur ceux qui ont conjuré avec lui ; et la cause débattue et instruite, que vos Juges prononcent...... Citoyens, ne redoutez alors ni les cabales, ni les intrigues, la présence du Peuple appelle la vérité ; et c'est la vérité qui, devant le Peuple, tient en ses mains sévères, mais équitables, la balance de la justice. Ne savez-vous pas que le mensonge craint d'être regardé et que la corruption se cache pendant le jour ? Si vous voulez des Juges intègres, tenez-les toujours sous la vue de leurs Concitoyens.

Maintenant examinons si vous ne devez pas borner vos vengeances et choisir parmi les machinateurs, pour ne desti-

*ignoscere*

*quoniam Cives sunt, æquo animo paterer, ni misericordia*

*in perniciem casura esset.*

........................ *Fidei aut concordiæ* cum illis, nulla *spes: dominari illi volunt, vos liberi esse; facere illi*

*injurias, vos prohibere*..........

........................ *Potest ne in tàm diversis mentibus pax aut amicitia esse?*................ *Non peculatus ærarii factus est, quod, quamquàm* grave scelus, *jam pro nihilo habetur.*

ner que leurs chefs à la mort. Je pencherais vers cette indulgence, car ces *traditeurs* infames sont aussi nos frères, ils sont Français comme nous ; mais prenons garde qu'une pitié dangereuse ne tourne à la ruine de la République ou au dommage particulier. Quel fondement donnerions-nous à la paix avec des hommes sans foi ? Ils veulent commander et vous voulez être libres ; ils veulent, comme autrefois, vous abreuver d'outrages, et vous êtes résolus à n'en plus souffrir. Quel traité, quel accord existeraient entre des esprits aussi opposés ? Il ne s'agit point de ces larcins odieux et bas qui sont devenus si ordinaires à nos Patriciens, que même on ne leur en fait plus un reproche : on n'est plus surpris que des Tribuns militaires ou des Généraux emportent la caisse d'un Régiment ou le trésor de l'Armée, et que des Officiers vendent le parjure en se faisant payer des services qu'ils destinent à nos Ennemis ; mais vous n'oublierez jamais les lâches déguisemens d'un Roi et de ses Ministres.

*Hosti acerrimo prodita Senatûs auctoritas, proditum Imperium, Domi, Militiæque Respublica venalis fuit.*

*Neque tamen vos hortor uti malitis Cives vestros perperàm, quàm rectè fecisse.*

*Sed ne ignoscendo malis, bonos perditum eatis.*

*Multò præstat in Republicâ beneficii quàm maleficii immemores esse,*

*bonus tantummodò segnior fit, ubi negligas;*

Ils ont tâché d'avilir au milieu des Camps et dans nos Cités mêmes, les Représentans d'un Peuple Souverain ; ils ont trahi des sermens mille fois répétés ; ils ont laissé vos Places sans défense, et appelé sur une terre libre les cohortes serviles des Despotes et les Despotes eux-mêmes. Vous persuaderez-vous, Citoyens, que c'est par erreur plutôt qu'avec intention qu'ils ont commis ces félonies ? Désabusez-vous, et croyez que ce Prince, qui jouit trop long-temps de votre amour, est moins faible que pervers. Veillez donc bien à ne pas offrir d'amnistie aux conspirateurs, si vous ne voulez, en pardonnant aux méchans, appeler la mort sur les *Sanculotes* ou ce qu'il y a dans la Nation de véritables *Gens de bien.*

Ce qui importe dans une République, ce n'est pas de payer de reconnaissance tous ses amis, mais de châtier tous ses ennemis ; car le Citoyen qui a de la probité et de la vertu, s'il est négligé par sa Patrie, peut-être il la servira avec un peu moins d'ardeur ; mais si vous pardonnez

*at malus improbior* . . . . . . . . . . . . .

au traître il ne deviendra que plus audacieux. *Pétion*, méprisé par vous et laissé sans emploi, ferait comme Aristide des vœux pour son pays : et ce *Catilina* qui fut quelques années votre Thésée, votre Hercule, par qui vous deviez dompter tous les monstres, ce demi-dieu auquel vous attachiez follement le salut de l'Empire, quand la chaîne de ses forfaits s'est appesantie jusques sur vous, quand son orgueil le rendit imprudent et acheva de révéler tous ses noirs desseins; quand vos yeux furent désillés, vous voulûtes frapper le traître et il échappa par une dernière trahison à la mort qu'il méritait. Oh Citoyens! Si ce *Cromwel*, non de génie mais d'ambition, vous l'aviez fait monter sur un échaffaud le 18 juillet 1791, combien de crimes déja sa tête devait expier, et combien de calamités vous auriez évitées !

www.ingramcontent.com/pod-product-compliance
Ingram Content Group UK Ltd.
Pitfield, Milton Keynes, MK11 3LW, UK
UKHW020456220726
13923UKWH00006B/2574

9 782019 980535